AF363968

MINISTÈRE DE LA MARINE

CONCESSIONS DE CONGÉS

AU PERSONNEL

DES ÉQUIPAGES DE LA FLOTTE

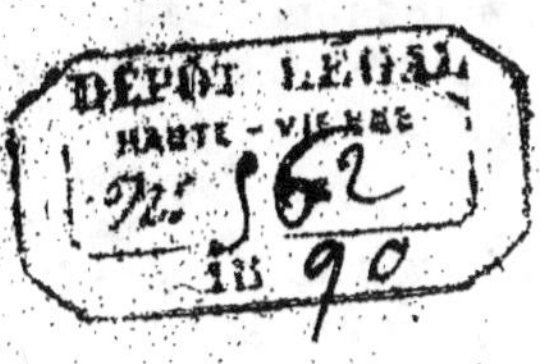

PARIS | LIMOGES
11, Place Saint-André-des-Arts. | 46, Nouvelle Route d'Aixe, 46.

IMPRIMERIE ET LIBRAIRIE MILITAIRES

HENRI CHARLES-LAVAUZELLE

Éditeur.

1890.

CONCESSIONS DE CONGÉS

AU PERSONNEL

DES ÉQUIPAGES DE LA FLOTTE

Notification relative à la concession des congés en ce qui concerne les équipages de la flotte. (D. Inf.; Recrutement.)

Paris, le 15 octobre 1890.

M. le Ministre de la marine a signé, le 20 août dernier, la circulaire ci-après, relative à la concession des congés au personnel des équipages de la flotte.

MM. les gouverneurs militaires de Paris et de Lyon, ainsi que MM. les généraux commandant les corps d'armée, voudront bien assurer, chacun en ce qui les concerne, l'exécution de ces dispositions.

Le Sénateur, Ministre de la marine, à Messieurs les Vice-Amiraux commandant en chef, Préfets maritimes ; Officiers généraux, supérieurs et autres commandant à la mer ; Contre-Amiral commandant la marine en Algérie. (*Direction du Personnel ; 2ᵉ Bureau :* Equipages de la flotte.)

Paris, le 20 août 1890.

(*Modifications apportées à la circulaire du* 20 septembre 1885, *relative à la concession des congés en ce qui concerne les équipages de la flotte.*)

Messieurs, j'ai l'honneur de vous notifier ci-après les règles nouvelles que j'ai arrêtées en ce qui concerne la concession au personnel des équipages de la flotte de diverses sortes de congés.

Ces règles abrogent et remplacent celles qui faisaient l'objet du chapitre VI du titre 1ᵉʳ de la circulaire du 20 septembre 1885 (*B. O.,* page 689).

Elle ont été établies en tenant compte des prescriptions de la loi du 15 juillet 1889 sur le recrutement de l'armée, ainsi que des autres actes mis en vigueur depuis 1885.

Dispositions spéciales aux Équipages de la flotte.

NATURE DU CONGÉ.	AUTORITÉ QUI ACCORDE	OBSERVATIONS.

A. — Officiers-mariniers et marins de l'engagement volontaire et du recrutement.

Congés accordés par application des dispositions finales de l'article 21 de la loi du 15 juillet 1889. sur le recrutement de l'armée.

(Dispenses de droit après un an de service.)

Les préfets maritimes et les commandants en chef

Aux termes de l'antépénultième alinéa de l'article 21 de la loi du 15 juillet 1889. sont, après une année de présence sous les drapeaux, envoyés en congé, sur leur demande. les appelés ou les engagés volontaires qui. postérieurement. soit à la décision du conseil de revision. soit à leur incorporation, entrent dans l'une des catégories suivantes :

1° L'aîné d'orphelins de père et de mère ou l'aîné d'orphelins de mère dont le père est légalement déclaré absent ou interdit ;

2° Le fils unique ou l'aîné des fils, ou à défaut de fils ou de gendre, le petit-fils unique ou l'aîné des petits-fils d'une femme actuellement veuve ou d'une femme dont le mari a été légalement déclaré absent ou interdit, ou d'un père aveugle ou entré dans sa 70ᵉ année ;

3° Le fils unique ou l'aîné des fils d'une famille de 7 enfants au moins.

Dans les cas prévus par les trois paragraphes précédents, le frère puîné jouira de la dispense si le frère aîné est aveugle ou atteint de toute autre infirmité incurable qui le rende impotent ;

4° Le plus âgé des deux frères inscrits la même année sur les listes de recrutement cantonal ;

5° Celui dont un frère sera présent sous les drapeaux au moment de l'appel de sa classe, soit comme officier. soit comme appelé ou engagé volontaire pour 3 ans au moins, soit comme rengagé, breveté ou commissionné

Les enfants légitimes seuls ont droit à ces congés.

Un marin ayant. par sa présence, procuré à l'un de ses frères, soit la dispense devant le conseil de revision, soit l'envoi en congé. ne peut créer pour un second frère un nouveau droit à congé s'il vient ultérieurement, soit à être réformé. soit à être retraité, ou s'il décède en activité de service.

Mais, d'autre part, quand un marin a procuré à son frère la dispense ou l'envoi en congé, il n'en est pas moins susceptible d'être placé lui-même en congé, sur sa demande, s'il vient ultérieurement à entrer dans l'une quelconque des six catégories de dispenses que prévoit l'article 21 de la loi du 15 juillet 1889 et qui sont énumérées ci-contre.

Seulement, dans ces cas, l'article 25 de la loi doit être appliqué et le commandant du bureau de recrutement met en route, s'il y a lieu, le frère primitivement dispensé ou congédié pour terminer le temps de service qui reste à courir jusqu'à son passage dans la réserve.

Ces congés subsistent tant que les motifs qui ont nécessité leur délivrance n'ont pas cessé d'exister (art. 25 de la loi) et jusqu'au jour du passage des titulaires dans la réserve de l'armée de mer, lequel s'effectue après 3 ans de services, qu'il s'agisse de jeunes soldats ou d'engagés volontaires et quelle que soit d'ailleurs la durée de l'engagement souscrit par ces derniers.

NATURE DU CONGÉ.	AUTORITÉ QUI ACCORDE.	OBSERVATIONS.
	après avoir accompli cette durée de service, soit enfin comme inscrit maritime levé d'office, levé sur sa demande, maintenu ou réadmis au service, quelle que soit la classe de recrutement à laquelle il appartienne. Ces dispositions sont applicables aux frères des officiers-mariniers des équipages de la flotte appartenant à l'inscription maritime en qualité d'officiers-mariniers du cadre de maistrance ; 6º Celui dont le frère sera mort en activité de service ou aura été réformé ou admis à la retraite pour blessures reçues dans un service commandé ou pour infirmités contractées dans les armées de terre et de mer. La dispense accordée conformément aux §§ 5º et 6º ci-dessus ne sera appliquée qu'à un seul frère pour un même cas, mais elle se répétera, dans la même famille, autant de fois que les mêmes droits s'y reproduiront. Il résulte de ce texte : 1º Que les situations de famille existant pour l'appelé avant le conseil de revision et pour l'engagé avant son incorporation ne peuvent être invoquées pour l'envoi en congé ; 2º Que les rengagés n'ont jamais droit à l'envoi en congé dans les conditions ci-dessus énoncées. Ces congés étant dus aux intéressés en vertu de prescriptions légales, il n'y a pas lieu de procéder à l'enquête prescrite par la circulaire du 12 juillet 1878 (*B. O.*, p. 51). Les marins qui réclament le bénéfice de ces dispositions doivent en faire la demande par écrit et produire à l'appui de cette demande un certificat de trois pères de famille, conforme au modèle nº 1 annexé à la circulaire de la guerre du 12 décembre 1889 (*B. O.*, guerre, p. r., p.	Les marins congédiés par application de l'article 21 de la loi du 15 juillet 1889 sont placés sous la surveillance du commandant du bureau de recrutement de la subdivision à laquelle ils appartiennent. Lors donc que la situation de famille qui a motivé l'envoi en congé cesse d'exister avant le passage du titulaire dans la réserve, le commandant du bureau de recrutement en avise immédiatement le commandant de la division d'immatriculation du marin. Sont rappelés sous les drapeaux afin de terminer le temps de service pour lequel ils sont liés, soit à tire d'appelés, soit à titre d'engagés, les hommes dont la cause de dispense vient à cesser quand la période qui leur reste à accomplir n'est pas inférieure à 18 mois, soit pour passer dans la réserve, s'il s'agit de jeunes soldats ou d'engagés pour 3 ans, soit pour parfaire intégralement la durée de leur engagement s'il s'agit d'engagés à long terme dans les conditions de la loi du 22 juillet 1886, soit enfin pour terminer le temps de présence sous les drapeaux exigé effectivement des hommes de la même catégorie, s'il s'agit d'engagés volontaires pour 5 ans. Si ladite période est inférieure à 18 mois, ils sont maintenus en congé jusqu'au moment de leur passage dans la réserve, à moins d'ordres contraires du Ministre. Avis de la décision prise est donné sans retard, par l'autorité maritime, au commandant de recrutement intéressé.

NATURE DU CONGÉ.	AUTORITÉ QUI ACCORDE.	OBSERVATIONS.
	1483) et joint à la présente circulaire à titre de renseignement, et, suivant la situation de famille qu'ils invoquent, les pièces énumérées au tableau ci-annexé. Les préfets maritimes et les commandants en chef, après vérification des pièces produites, prononcent l'envoi en congé, et transmettent le dossier au commandant du bureau de recrutement de la subdivision à laquelle appartient le marin. Les motifs du renvoi sont mentionnés sur les livrets individuel et matricule. Lorsque les hommes dont il s'agit se trouvent en cours de campagne, leurs dossiers sont transmis, au préalable, par les soins des préfets maritimes, au Ministre qui donne, s'il y a lieu, les ordres nécessaires pour le renvoi en France des intéressés.	
Congés accordés à titre de soutien de famille, par application de l'article 22 de la loi du 15 juillet 1889.	Les préfets maritimes et les commandants en chef sont autorisés à envoyer en congé, à titre de soutien de famille, les marins ayant au moins un an de présence sous les drapeaux. Chaque demande doit comprendre à l'appui : 1º Un relevé des contributions payées par la famille et certifié par le percepteur ; 2º Un certificat spécial (modèle nº 5 annexé au décret de la guerre du 1ᵉʳ mars 1890. — (*B. O.*, guerre, p. r., p. 315) portant l'avis motivé de trois pères de famille ainsi que celui du conseil municipal. La situation de famille de l'intéressé doit être, en outre, l'objet d'une enquête approfondie, dans les conditions définies par la circulaire du 24 janvier 1889 (*B. O.*, p. 45). Mention de l'envoi en congé est faite sur les livrets de solde et matricule. Quelle que soit d'ailleurs la décision intervenue, il est pris	Les marins qui sollicitent des congés à ce titre doivent posséder une instruction militaire et maritime suffisante et n'avoir rien laissé à désirer sous le rapport de la conduite et de la manière de servir. S'ils sont en débet, ils doivent, au préalable, acquitter leur dette, soit par la réintégration de leurs effets en bon état, soit par un versement volontaire. Ces congés sont valables jusqu'à l'époque du passage des titulaires dans la réserve de l'armée de mer. Les marins placés dans cette position qui ne remplissent pas leurs devoirs de famille peuvent être rappelés au service dans les conditions indiquées par les deux derniers paragraphes de l'article 22 de la loi du 15 juillet 1889. Pour assurer l'application de cette prescription, les commandants des divisions donneront avis aux maires des localités où les marins déclareront se rendre pour jouir de leur congé des dé-

NATURE DU CONGÉ.	AUTORITÉ QUI ACCORDE.	OBSERVATIONS.
	note sur le livret matricule des intéressés, de la suite qu'a reçue toute proposition de congé à titre de soutien de famille. Lorsque les hommes dont il s'agit se trouvent en cours de campagne. le commandant de la division d'immatriculation de ces marins procède à l'enquête réglementaire et transmet, par la voie hiérarchique, le dossier au Ministre qui statue. Chaque année, au 1er janvier, les commandants des divisions adressent au Ministre un état indiquant le chiffre des congés à titre de soutien de famille accordés pendant l'année précédente et faisant connaître la répartition des titulaires par classe, s'il s'agit d'appelés et suivant l'année de service dans laquelle ils se trouvent s'il s'agit d'engagés volontaires.	cisions concernant ces hommes. Toutefois, pour les marins autorisés à jouir de leur congé à Paris, l'avis sera adressé à M. le Préfet de la Seine, avec indication de l'arrondissement, de la rue et du numéro de la maison où le marin habitera. Les marins rappelés complètent le temps de service pour lequel ils sont liés, soit à titre d'appelés, soit à titre d'engagés.
Congés accordés par mesure générale aux marins du recrutement et de l'engagement volontaire avant l'expiration du temps pour lequel ils sont liés au service.	Les préfets maritimes et les commandants en chef d'après les ordres généraux du Ministre de la marine.	Ces congés sont valables jusqu'au jour du passage des titulaires dans la réserve de l'armée de mer.
Passage dans la réserve de l'armée de mer des marins de l'engagement volontaire ou du recrutement.	Les hommes ne sont mis en route qu'après que leur livret de solde a été complété du fascicule réglementaire. Ceux qui, pour une cause quelconque, se trouvent dans leurs foyers lors de leur envoi en congé ou dans la réserve, doivent remettre leurs livrets au commandant de la gendarmerie du lieu de leur résidence pour être, par les soins du commandant du bureau de recrutement, transmis à l'officier du commissariat chargé du bureau des réservistes de la circonscription qui les fait parvenir à la division que l'homme doit	Les marins provenant du recrutement sont placés de plein droit dans cette situation à l'expiration du temps de service prescrit pour l'armée active. Les engagés volontaires passent dans la réserve lors de leur congédiement si celui-ci a lieu plus de 3 ans après la date de leur engagement ou 3 ans après leur engagement s'ils ont été renvoyés dans leurs foyers avant l'accomplissement de cette période.

NATURE DU CONGÉ.	AUTORITÉ QUI ACCORDE.	OBSERVATIONS.
	rejoindre en cas de mobilisation. Après que le fascicule a été joint au livret par cette division, renvoi en est fait par le même intermédiaire.	
Congés après rengagement aux marins de l'engagement volontaire ou du recrutement.	Les préfets maritimes et les commandants en chef, dans les conditions définies par le décret du 5 juin 1883 (2ᵉ édition).	Ces congés ne peuvent être différés que si les besoins du service l'exigent absolument. Ils sont délivrés dès que l'intéressé a signé son acte de rengagement, même lorsqu'il se rengage par anticipation. Indiquer sur le livret de solde, à la suite de la certification du rengagement, que l'intéressé a obtenu le congé auquel il a droit ou a refusé ce congé, ou encore que la concession de ce congé a été ajournée pour raison de service. Ne peuvent être prolongés; toutefois, les préfets maritimes peuvent transformer les congés à solde entière en congés à solde de congé d'une durée double, et inversement. Le quartier-maître ou marin titulaire d'un congé de quatre mois à solde de congé a droit à la solde entière pendant la durée de son congé, s'il rentre au corps sans que son absence ait excédé deux mois.
Congés accordés aux engagés dans les conditions de la loi du 22 juillet 1886 au moment où ils terminent cinq ans de service ou au moment de leur nomination au grade de second-maître.	Les préfets maritimes et les commandants en chef, dans les conditions définies par le paragraphe numéroté 16 de la circulaire du 20 août 1886 (*B. O.*, p. 268) portant notification de la loi du 22 juillet 1886.	
Congés de réforme nᵒˢ 1 et 2 aux marins de l'engagement volontaire ou du recrutement.	Sont accordés par les commissions spéciales de réforme instituées dans les cinq ports de guerre et approuvés, en ce qui concerne le congé de réforme nᵒ 1, par le préfet maritime.	

NATURE DU CONGÉ.	AUTORITÉ QUI ACCORDE.	OBSERVATIONS.
	Les marins qui se trouvent, pour un motif quelconque, en congé ou dans la réserve de l'armée de mer, dans une localité maritime autre qu'un port militaire, adressent leurs demandes à l'autorité maritime de cette localité, qui les transmet, avec une enquête sommaire appuyée d'un certificat médical, au préfet maritime. Les marins résidant dans une localité où il n'existe pas de fonctionnaires de la marine, font leur déclaration au commandant de la gendarmerie, qui la transmet, avec l'enquête sommaire et le certificat médical, au préfet maritime de la circonscription de réserve du domicile de l'homme, par l'intermédiaire du commandant du recrutement. La commission de réforme du port à qui ces certificats et enquêtes sont remis exprime son avis sur la question de savoir si le marin doit être dirigé sur le port pour être soumis à son examen ou s'il peut être visité à domicile. Dans l'un et l'autre cas, les préfets maritimes se concertent avec les généraux commandant les corps d'armée, soit pour l'envoi des marins au port chef-lieu, soit pour l'établissement, par les soins des officiers de santé militaires, des certificats de visite et de contre-visite. Ils donnent des ordres dans le même sens aux fonctionnaires de la marine dépendant de leur autorité. Au vu de ces certificats, la commission prononce définitivement sur la réforme. Enfin, dans certains cas tout à fait exceptionnels et afin d'éviter un déplacement onéreux de médecins militaires, la commission de réforme se prononce sur le vu de certificats de médecins civils, dûment légalisés et appuyés de certificats d'attestation des autorités locales prouvant que l'intéressé est dans l'impos-	

NATURE DU CONGÉ.	AUTORITÉ QUI ACCORDE.	OBSERVATIONS.
	sibilité absolue d'être transporté au port chef-lieu, ou que ce transport peut nuire à la sécurité publique. Dans ce cas, une enquête de la gendarmerie est toujours nécessaire.	
Mémoires de propositions de pension de retraite pour infirmités ou blessures.	Sont établis par les conseils d'administration des divisions en faveur des marins qui se trouvent dans les conditions prévues par la circulaire du 28 novembre 1887 (*B. O.*, p. 400). Le Ministre de la marine prononce.	
Propositions de gratification renouvelable en faveur des marins réformés par congé n° 1 ou ayant quitté le service avec un certificat d'origine de blessure ou d'infirmité.	La concession des gratifications de réforme renouvelables est faite par le Ministre de la marine. Les mémoires de proposition sont transmis au Ministre sous le timbre « Etablissement des invalides », accompagnés des pièces mentionnées par l'instruction du 27 juin 1887 (*B. O.*, p. 837).	Chaque fois qu'un homme obtient un congé de réforme n° 1, les médecins qui assistent la commission doivent déclarer sur les procès-verbaux de contre-visite si l'intéressé paraît ou non susceptible d'être proposé pour une gratification de réforme renouvelable. Avis en est donné au président du conseil d'administration de la division, qui prend les mesures nécessaires pour assembler le conseil dès que les documents établissant l'origine de la blessure ou de l'infirmité ont été réunis. Après deux années de jouissance, la gratification de réforme n'est continuée pendant deux nouvelles années qu'après constatation régulière de l'état de santé du titulaire. Tout marin ayant quitté le service avec un congé de réforme n° 1 ou un certificat d'origine de blessure ou d'infirmité et qui a été congédié du service sans avoir été l'objet d'une proposition de gratification, peut se mettre en instance pour obtenir cette gratification: mais il ne doit faire l'objet d'une proposition de cette nature qu'autant qu'une enquête établit d'une manière positive que son état actuel de santé est une conséquence du service. De même, un marin en possession de la gratification renouvelable, peut, par suite de l'aggravation consécutive de la bles-

NATURE DU CONGÉ.	AUTORITÉ QUI ACCORDE.	OBSERVATIONS.
		sure ou de l'infirmité, être admis à demander une pension de retraite, dans un délai de cinq ans à partir de la cessation de l'activité (décret du 10 août 1886, *B. O.*, p. 989).

B. — Officiers-mariniers et marins de l'inscription maritime.

NATURE DU CONGÉ.	AUTORITÉ QUI ACCORDE.	OBSERVATIONS.
Sursis de levée aux marins de l'Inscription maritime se trouvant dans les conditions prévues par les art. 36 et 37 du décret du 5 juin 1883 (2° édition).	Les préfets maritimes et les commandants en chef, sur le vu des mêmes pièces que celles qui sont exigées des hommes du recrutement par la circulaire du Ministre de la guerre du 12 décembre 1889. Toutefois, le certificat constatant la situation de famille de l'intéressé est remplacé par le certificat spécial annexé à la présente circulaire. Lorsque les hommes dont il s'agit se trouvent en cours de campagne, leurs dossiers sont transmis, par les soins des préfets maritimes, au Ministre, qui donne, s'il y a lieu, les ordres nécessaires pour leur renvoi en France.	Ces sursis de levée sont valables jusqu'au jour de l'envoi des titulaires en congé temporaire, si les causes qui les ont motivés subsistent encore à ce moment. Lorsque ces causes viennent à cesser postérieurement à la deuxième année à compter de la levée effectuée ou non, les marins ne sont pas appelés au service, à moins d'ordre contraire du Ministre. Les dossiers des inscrits placés en sursis de levée sont renvoyés aux commissaires de l'inscription maritime.
Sursis de levée à titre exceptionnel aux marins de l'Inscription maritime dont les charges de famille se sont aggravées depuis leur admission au service. (Art. 38 du décret du 5 juin 1883. 2° édition).	Par le Ministre de la marine, pour les hommes qui n'ont pas encore accompli deux ans de service; par les préfets maritimes, pour ceux qui ont dépassé cette limite. (Dans ce cas, il est toujours procédé à l'enquête réglementaire dans les conditions définies par la circulaire du 24 janvier 1889, *B. O.*, p. 45.) Il n'est donné suite aux demandes de sursis exceptionnels formulées par des inscrits réunissant moins de deux ans de présence sous les drapeaux que si la situation de la famille s'est modifiée depuis l'incorporation.	Les inscrits placés dans la position de sursis de levée par mesure bienveillante, qui ne remplissent par leurs devoirs de famille, peuvent, après enquête, être rappelés au service. Les commissaires de l'inscription maritime signalent à l'autorité supérieure les marins qui se trouveraient dans ce cas. Les dossiers des intéressés sont renvoyés aux commissaires de l'inscription maritime. Il est pris note, sur le livret matricule des hommes, de la décision intervenue à la suite de toute proposition de sursis de levée à titre de soutien de famille.
Congés renouvelables accordés aux inscrits par mesure générale avant l'expiration de la première période de service obligatoire.	Les préfets maritimes et les commandants en chef, d'après les ordres généraux du Ministre de la marine.	Sont valables jusqu'au jour de leur mise en congé temporaire à l'expiration de la première période de service obligatoire.

(*)

NATURE DU CONGÉ.	AUTORITÉ QUI ACCORDE.	OBSERVATIONS.
Congés temporaires accordés aux inscrits à l'expiration de la première période de service obligatoire.	Les autorités maritimes des ports, lorsque les inscrits sont présents au service ; les commissaires de l'inscription maritime, lorsqu'ils sont en sursis de levée ou en congé renouvelable dans leurs foyers.	Sont valables pendant deux années, après lesquelles les inscrits ne peuvent plus être rappelés au service qu'en vertu d'un décret.
Congés accordés aux inscrits autorisés à parfaire la première période de service obligatoire.	Les préfets maritimes et les commandants en chef, dans les conditions définies par l'article 42 du décret du 5 juin 1883 (2e édition).	
Congés accordés aux inscrits réadmis au service.	Les préfets maritimes et les commandants en chef, dans les conditions définies par le décret du 5 juin 1883 (2e édition).	Ces congés ne peuvent être différés que si les besoins du service l'exigent absolument. Ils sont délivrés dès que l'intéressé a signé son acte de réadmission, même lorsqu'il est réadmis par anticipation. Ne peuvent être prolongés ; toutefois, les préfets maritimes peuvent transformer les congés à solde entière en congés à solde de congé d'une durée double et inversement. Le quartier-maître ou marin titulaire d'un congé de quatre mois à solde de congé a droit à la solde entière pendant la durée du congé s'il rentre au corps sans que son absence ait excédé deux mois. Indiquer sur le livret de solde, à la suite de la certification de réadmission, que l'intéressé a obtenu le congé auquel il a droit, ou a refusé ce congé, ou encore que la concession de ce congé a été ajournée pour raison de service.
Renvoi dans leurs foyers des inscrits atteints d'infirmités ou de blessures.	Les préfets maritimes, sur la proposition de la commission de réforme fonctionnant comme commission spéciale de congédiement. Suivant l'appréciation qui est faite de leurs blessures ou de leurs infirmités, ils sont classés en deux catégories : 1o Ceux qui ne pourraient, en	

NATURE DU CONGÉ.	AUTORITÉ QUI ACCORDE.	OBSERVATIONS.
	cas de rappel sous les drapeaux, être utilisés dans aucun service de la marine ; 2º Ceux qui pourraient, dans le même cas, être utilisés à terre. Les marins inscrits renvoyés dans leurs foyers et susceptibles d'être rappelés au service, qui viennent à être atteints d'infirmités de nature à les classer dans une des deux catégories ci-dessus, adressent leur demande au commissaire de l'inscription maritime. Ce fonctionnaire la transmet avec une enquête sommaire, appuyée d'un certificat médical, au préfet maritime de l'arrondissement. La commission de réforme, à qui ces certificats et procès-verbaux sont remis, exprime son avis sur la question de savoir si le marin doit être dirigé sur le port chef-lieu pour être soumis à son examen ou s'il peut être visité à domicile. Dans ce dernier cas, la commission prononce sur le vu des certificats établis au quartier d'inscription.	
Pensions de retraite pour infirmités ou blessures; gratifications renouvelables.	Les dispositions applicables aux marins du recrutement ou de l'engagement volontaire sont également applicables aux marins de l'inscription maritime pour lesquels le congé nº 1 est remplacé par le certificat de congédiement prévu à l'article 415 du décret du 5 juin 1883.	
Changements de quartier des officiers-mariniers et des marins de l'inscription maritime.	Les changements de quartier ne peuvent être autorisés que s'ils sont justifiés par un changement de domicile du marin (circulaire du 28 mai 1889. — B. O., p. 846). Lorsqu'il s'agit d'officiers-mariniers du cadre de maistrance, la demande de changement est soumise à l'approbation des préfets maritimes des arrondissements auxquels appartiennent	

NATURE DU CONGÉ.	AUTORITÉ QUI ACCORDE.	OBSERVATIONS.
	ces quartiers. Les nouveaux numéros matricules sont signalés au Ministre par le moyen des états de mutations afin d'être apostillés au contrôle général du cadre de maistrance. Pour les quartiers-maîtres et marins en activité de service, les demandes de changement de quartier ne sont soumises à aucune autorisation préalable ; adressées par les intéressés à leurs chefs hiérarchiques, elles sont transmises par ceux-ci, pour exécution, aux commissaires de l'inscription maritime.	

C. — Dispositions particulières aux officiers-mariniers du cadre de maistrance.

NATURE DU CONGÉ.	AUTORITÉ QUI ACCORDE.	OBSERVATIONS.
Disponibilité des officiers-mariniers du cadre de maistrance.	Les conseils d'administration des divisions (dans les conditions définies par l'article 20 du décret du 5 juin 1883).	(Dans aucun cas, les officiers-mariniers en disponibilité, 1re catégorie, ne peuvent obtenir un congé de convalescence.) Les officiers-mariniers ne peuvent être autorisés à passer le temps de leur disponibilité hors de France ou d'Algérie.
Sursis de rappel de la disponibilité.	Sont accordés par les préfets maritimes pour cause de maladie régulièrement constatée ou pour des circonstances tout à fait exceptionnelles. La durée totale d'un ou de plusieurs sursis ne peut excéder 3 mois. Il est rendu compte au Ministre si, à l'expiration des 3 mois de sursis, l'officier-marinier ne peut rejoindre la division pour laquelle il a été rappelé. Il est alors placé en disponibilité, 2e catégorie. Son état de santé est constaté de 3 mois en 3 mois par le conseil de santé, jusqu'à la limite d'un an après laquelle la commission de réforme statue définitivement sur son compte.	Il est rendu compte au Ministre de tout sursis accordé.
Changements de résidence et permissions de s'absenter du lieu	Sont accordés, pour tout délai devant dépasser 6 jours, par l'autorité maritime sous la surveillance de laquelle sont placés	

NATURE DU CONGÉ.	AUTORITÉ QUI ACCORDE.	OBSERVATIONS.
de leur domicile aux officiers-mariniers en disponibilité.	les officiers-mariniers. Cette autorité en avise immédiatement le commandant de la division dont ils relèvent. Les officiers-mariniers qui habitent une localité où il n'y a pas d'autorité maritime, adressent leurs demandes au commandant de la division à laquelle ils appartiennent.	

Je vous prie de vouloir bien assurer, chacun en ce qui vous concern l'exécution des dispositions contenues dans la présente circulaire.

Recevez, etc.

Signé : E. Barbey.

Modèle nº 1.

—

Circulaire
du 20 août 1890.

SOUS-ARRONDISSEMENT

d

—

QUARTIER d

CERTIFICAT (A) *de trois pères de famille domiciliés dans le quartier, pour établir les droits d'un inscrit à un sursis de levée en qualité d (1)*

(1) Indiquer ici la cause de sursis conformément aux dispositions des articles 36 et 37 du décret du 5 juin 1883.

(2) Noms, prénoms et domiciles des trois pères de famille.

(3) Nom et prénoms de l'inscrit pour lequel le certificat est établi.

(4) Date de naissance.

(5) Prénoms du père de l'inscrit.

(6) Nom et prénoms de la mère de l'inscrit.

(7) Quartier, folio et numéro d'inscription. Indiquer la position au service.

(8) Atteint par la levée permanente ou présent au service comme, etc.

(9) Indiquer ici, d'après la nature du sursis à obtenir, les renseignements que comportent respectivement les modèles A et suivants annexés à l'instruction de la guerre du 4 décembre 1889.

(10) Date du jour où le certificat est établi.

(11) Indiquer les nom et prénoms de la personne sur la demande de laquelle est établi le certificat et en quelle qualité elle agit.

(12) Signature des trois pères d'inscrits.

(13) Signature de la personne qui a réclamé le certificat.

Nous soussignés (2),

pères d'inscrits maritimes levés pour le service ou actuellement au service de l'État,

Certifions, sous notre responsabilité personnelle, que le nommé (3)   . né le (4)
fils de (5)   et de (6)
inscrit à (7)   , fº   , nº   ,
                    (8)
          (9)

Nous attestons, en outre, que le nommé (3)
                    , est enfant légitime (B) et n'a procuré aucun sursis, dispense ou exemption à un frère actuellement vivant.

Fait à   le (10)
sur la demande (11)
                    (12)
          (13)

Certifié par nous, Commissaire de l'Inscription maritime.

A   , le   189   .

A. — Ce certificat doit être accompagné des pièces mentionnées au tableau annexé à la présente circulaire.
B. — Ou légitimé.

TABLEAU *des pièces à joindre au certificat* (modèle n° 1 de la circulaire de la guerre du 12 décembre 1889), *pour les hommes du recrutement ou au certificat spécial* (modèle n° 1 de la présente circulaire) *pour les inscrits maritimes.*

INDICATION DES SITUATIONS PRÉVUES par l'article 21 de la loi du 15 juillet 1889 pour les hommes du recrutement et par les articles 36 et 37 du décret du 5 juin 1883 pour les inscrits maritimes.	INDICATION DES PIÈCES A PRODUIRE.
Aîné d'orphelins de père et de mère ou aîné d'orphelins de mère, dont le père est légalement déclaré absent ou interdit.................................	Acte de mariage des père et mère. Actes de décès des père et mère. En cas d'absence ou d'interdiction du père, remplacer l'acte de décès de ce dernier par une copie du jugement déclarant l'absence ou prononçant l'interdiction.
Fils unique ou aîné des fils d'une femme actuellement veuve	Acte de mariage des père et mère. Acte de décès du père.
Petit-fils unique ou aîné des petits-fils d'une femme actuellement veuve....	Acte de mariage des aïeuls. Acte de mariage des père et mère. Actes de décès des père et mère. Acte de décès de l'aïeul.
Fils unique ou aîné des fils d'une femme dont le mari est également déclaré absent ou interdit....................	Acte de mariage des père et mère. Copie du jugement déclarant l'absence ou prononçant l'interdiction.
Petit-fils unique ou aîné des petits-fils d'une femme dont le mari est légalement déclaré absent ou interdit.....	Acte de mariage des aïeuls. Acte de mariage des père et mère. Actes de décès des père et mère. Copie du jugement déclarant l'absence ou prononçant l'interdiction.
Fils unique ou aîné des fils d'un père aveugle.............................	Acte de mariage des père et mère. Certificat délivré par la commission spéciale de réforme.
Petit-fils unique ou aîné des petits-fils d'un grand-père aveugle............	Acte de mariage des aïeuls. Acte de mariage des père et mère. Actes de décès des père et mère. Certificat délivré par la commission spéciale de réforme.
Fils unique ou aîné des fils d'un père entré dans sa 70e année............	Acte de mariage des père et mère. Acte de naissance du père.
Petit-fils unique ou aîné des petits-fils d'un grand-pere entré dans sa 70e année..................................	Acte de mariage des père et mère. Actes de décès des père et mère. Acte de naissance de l'aïeul.
Fils unique ou aîné des fils d'une famille de sept enfants au moins.	Acte de mariage des père et mère. Actes de naissance des enfants. Certificats de vie des membres de la famille.

INDICATION DES SITUATIONS PRÉVUES par l'article 21 de la loi du 15 juillet 1889 pour les hommes du recrutement et par les articles 36 et 37 du décret du 5 juin 1883 pour les inscrits maritimes.	INDICATION DES PIÈCES A PRODUIRE.
Puîné d'orphelins de père et de mère ou puîné d'orphelins de mère dont le père est légalement déclaré absent ou interdit, l'aîné des orphelins étant aveugle ou impotent......................	Acte de mariage des père et mère. Actes de décès des père et mère. Certificat délivré par la commission spéciale de réforme. En cas d'absence ou d'interdiction du père, remplacer l'acte de décès de ce dernier par une copie du jugement déclarant l'absence ou prononçant l'interdiction.
Fils puîné d'une femme actuellement veuve (lorsque l'aîné des fils est aveugle ou impotent)	Acte de mariage des père et mère. Acte de décès du père. Certificat délivré par la commission spéciale de réforme.
Petit-fils puîné d'une femme actuellement veuve (lorsque l'aîné des petits-fils est aveugle ou impotent)........	Acte de mariage des aïeuls. Acte de décès de l'aïeul. Acte de mariage des père et mère. Actes de décès des père et mère. Certificat délivré par la commission spéciale de réforme.
Fils puîné d'une femme dont le mari est légalement déclaré absent ou interdit (lorsque l'aîné des fils est aveugle ou impotent)......................	Acte de mariage des père et mère. Copie du jugement déclarant l'absence ou prononçant l'interdiction. Certificat délivré par la commission spéciale de réforme.
Petit-fils puîné d'une femme dont le mari est légalement déclaré absent ou interdit (lorsque l'aîné des petits-fils est aveugle ou impotent).	Acte de mariage des aïeuls. Acte de mariage des père et mère. Actes de décès des père et mère. Copie du jugement déclarant l'absence ou prononçant l'interdiction. Certificat délivré par la commission spéciale de réforme.
Fils puîné d'un père aveugle ou entré dans sa 70e année (lorsque l'aîné des fils est lui-même aveugle ou impotent).	Acte de mariage des père et mère. Acte de naissance du père. Certificat délivré par la commission spéciale de réforme.
Petit-fils puîné d'un grand-père aveugle ou entré dans sa 70e année (lorsque l'aîné des petits-fils est lui-même aveugle ou impotent)...............	Acte de mariage des aïeuls. Acte de mariage des père et mère. Actes de décès des père et mère. Acte de naissance de l'aïeul. Certificat délivré par la commission spéciale de réforme.
Puîné d'une famille de sept enfants au moins (lorsque l'aîné des fils est aveugle ou impotent).....................	Acte de mariage des père et mère. Actes de naissance des enfants. Certificats de vie des membres de la famille. Certificat délivré par la commission spéciale de réforme.

INDICATION DES SITUATIONS PRÉVUES par l'article 21 de la loi du 15 juillet 1889 pour les hommes du recrutement et par les articles 36 et 37 du décret du 5 juin 1883 pour les inscrits maritimes.	INDICATION DES PIÈCES A PRODUIRE.
Aîné de deux frères inscrits la même année sur les listes du recrutement cantonal.........................	Acte de mariage des père et mère. Actes de naissance des deux frères. Certificat du commandant de recrutement indiquant la décision rendue par le conseil de revision à l'égard du plus jeune des deux frères.
Jeune homme dont un frère sera présent sous les drapeaux comme officier, appelé, engagé volontaire pour 3 ans au moins, rengagé, breveté ou commissionné après avoir accompli 3 ans de service, inscrit maritime, levé d'office, levé sur sa demande, maintenu ou réadmis au service quelle que soit la classe à laquelle il appartient, officier-marinier des équipages de la flotte	Acte de mariage des père et mère. Actes de naissance des deux frères. Certificat de présence. (Si le frère est inscrit maritime, on produira, au lieu du certificat précédent, un certificat du commissaire de l'inscription maritime.)
Frère d'un militaire mort en activité de service ou réformé, ou admis à la retraite pour blessures reçues dans un service commandé, ou infirmités contractées dans les armées de terre ou de mer............................	Acte de mariage des père et mère. Actes de naissance des deux frères. (Le décès, les blessures, la réforme ou l'admission à la retraite du frère seront justifiés par l'acte de décès ou le congé de réforme, ou le titre ou le copie certifiée du titre de pension de ce frère ou par tout autre document authentique).

Nota. — Quand il s'agit d'un inscrit, la constatation de l'état physique d'un père ou d'un grand-père aveugle, d'un frère aveugle ou atteint d'une infirmité incurable qui le rend impotent, est opérée à la diligence du commissaire de l'inscription maritime qui certifie la déclaration des trois pères d'inscrits.

La pièce fournie par le commissaire remplace, dans ce cas, le certificat délivré par la commission spéciale de réforme qui est prévu au tableau ci-dessus pour les hommes du recrutement.

DÉPARTEMENT

d

—

CANTON

d

—

COMMUNE

d

(A) Indiquer les noms et prénoms des trois pères de famille.

(B) Dans tous les cas où la réclamation sera basée sur la position de *petit-fils* de *veuve*, de *septuagénaire* ou d'*aveugle*, la colonne 1 devra comprendre, non seulement la descendance de l'aïeul au petit-fils, mais encore désigner tous les enfants de l'aïeul, de quelque sexe qu'ils soient, et leur descendance.

ANNEXE.

—

MODÈLE Nº 1
(annexé à la circulaire de la guerre du 12 décembre 1889.)

CERTIFICAT destiné a établir les droits d'un jeune homme à l'envoi en congé après une année de service actif, en exécution de la loi du 15 juillet 1889 (art. 21).

Nous soussignés, maire de la commune d
canton d   département d
et (A)
pères de jeunes gens en activité de service ou désignés par le sort pour concourir à la formation de la classe,

Certifions, sous notre responsabilité personnelle, que la famille du sieur
né le   à
canton d   département d

Lequel demande son envoi en congé comme
, se compose des membres inscrits au tableau ci-dessous.

Que ce jeune homme est enfant légitime.

NOMS ET PRÉNOMS des PÈRE, MÈRE, FRÈRES ET SŒURS (B).	DATE de leur NAISSANCE.	CÉLIBATAIRE, marié ou veuf.	CLASSE AU TIRAGE de laquelle ont concouru les frères.	POSITION de CHACUN DES FRÈRES sous le rapport du recrutement.	OBSERVATIONS.
1	2	3	4	5	6

NOMS et PRÉNOMS des PÈRE, MÈRE. FRÈRES ET SŒURS (B).	DATE de leur NAISSANCE.	CÉLIBATAIRE, marié ou veuf.	CLASSE AU TIRAGE de laquelle ont concouru les frères.	POSITION de CHACUN DES FRÈRES sous le rapport du recrutement.	OBSERVATIONS.
1	2	3	4	5	6

Fait à , le 189 .

Le Maire,   *Les trois pères de famille* {

CERTIFIÉ les indications consignées dans la colonne 5 du tableau ci-dessus.

A , le 189 .

Le Sous-Préfet,

ANNEXE.

MODÈLE Nº 5.

(Annexé au décret du 1er mars 1890. — B. O., guerre, p. 315.)

Certificat de position de famille du nommé   , soldat au   , réclamant l'envoi en congé à titre de soutien de famille, conformément à l'article 22 de la loi du 15 juillet 1889.

POSITION DES ASCENDANTS ET DES FRÈRES ET SŒURS DU RÉCLAMANT.					AVIS MOTIVÉ
NOMS, PRÉNOMS ET PROFESSION.	Sexe et âge.	Célibataire, marié, veuf.	Nombre d'enfants	Infirmités et autres causes qui les empêchent de travailler.	de trois pères de famille ayant un fils sous les drapeaux ou, à défaut, dans la réserve de l'armée active.
					Nous, soussignés, résidant dans la commune d et jouissant de nos droits civils et politiques, émettons l'avis, sous notre responsabilité personnelle, que .... *Signatures :*

— 21 —

AVIS MOTIVÉ DU CONSEIL MUNICIPAL.

L'an mil huit cent   le   , à   heures du   , le conseil municipal de la commune d s'est réuni à la mairie, sous la présidence de M.   , maire.

Etaient {présents : MM.
{absents : MM.

Les membres présents formant la majorité, le maire déclare la séance ouverte et communique au conseil une demande d'envoi en congé de soutien de famille, formée par le nommé   , jeune soldat de la classe de

Le conseil, après avoir délibéré, émet l'avis

Ainsi fait et délibéré à   les jour, mois et an susdits, et ont signé les membres présents.

Vu pour légalisation de la signature du maire :

Le Sous-Préfet,

Certifié conforme au registre des délibérations du conseil municipal de la commune d   et vu pour légalisation de la signature des trois pères de famille dénommés ci-dessus, qui remplissent les conditions voulues par la loi.

A   , le   189 .

Le Maire,

Paris et Limoges. — Imprimerie militaire Henri CHARLES-LAVAUZELLE.

Paris et Limoges. — Imprimerie militaire Henri CHARLES-LAVAUZELLE.